OBSÈQUES

DE

M. OURIET

CHANOINE HONORAIRE
ET CURÉ-DOYEN DE SUIPPES.

(11 MARS 1886.)

RÉCIT ET DISCOURS

CHALONS-SUR-MARNE

IMPRIMERIE MARTIN FRÈRES, PLACE DU MARCHÉ-AU-BLÉ, 50.

1886.

OBSÈQUES DE M. OURIET

OBSÈQUES

DE

M. OURIET

CHANOINE HONORAIRE
ET CURÉ-DOYEN DE SUIPPES.

(11 MARS 1886.)

RÉCIT ET DISCOURS

CHALONS-SUR-MARNE

IMPRIMERIE MARTIN FRÈRES, PLACE DU MARCHÉ-AU-BLÉ, 50.

—

1886.

OBSÈQUES

DE

M. OURIET

CHANOINE HONORAIRE
ET CURÉ-DOYEN DE SUIPPES.

Jeudi 11 mars 1886, la paroisse de Suippes rendait les derniers honneurs à son vénéré doyen, M. l'abbé Ouriet, curé de Suippes depuis 42 ans. M. l'abbé Ouriet s'y était acquis l'affection de tous par sa bonté, par le charme de son commerce, par son affabilité, en même temps qu'il imposait le respect par la dignité de sa vie et par un certain air de grandeur dans sa personne et dans toutes ses actions. Prêtre plein de zèle, il avait été l'instrument de la rénovation religieuse de la paroisse. C'est le 9 mars, après de longues souffrances chrétiennement supportées, qu'il avait rendu son âme à Dieu. Il était âgé de près de 80 ans, et comptait 54 années de ministère sacerdotal, dont 12 à Cernon et le reste à Suippes.

Il se forme bien des liens pendant un si long ministère entre le pasteur et ses ouailles ; aussi la population tout entière s'était donné rendez-vous dans les rangs du cortège funèbre. Cette affluence toute spontanée, de la part de notre population si laborieuse et composée d'éléments si divers, était certes le plus bel éloge que l'on pût faire du défunt. Un clergé nombreux était venu témoigner de son affection pour le digne prêtre que les différents évêques qui se sont succédé à Châlons avaient honoré de leur sympathie, et presque, comme l'a dit son panégyriste, de leur amitié.

Les cordons du poële étaient tenus par MM. Crussaire, conseiller général ; Ovide Senart, maire de Suippes ; Maître, juge de paix du canton ; docteur Coïon ; Bellot-Jullion, représentant M. Bourgeois, au nom de la société de secours mutuels ; Malval, ancien conseiller à la Cour d'appel de Poitiers, représentant la famille.

En avant du cercueil marchaient en longues files les enfants des écoles, le patronage des jeunes filles, la congrégation de la Sainte-Vierge, le patronage des jeunes gens, avec leurs bannières ; la société de secours mutuels et la fanfare, aussi avec leurs bannières. La compagnie des sapeurs-pompiers formait la haie des deux côtés du cercueil, en avant duquel on portait de magnifiques couronnes offertes par les dames de la ville et par les diverses associations.

Après la messe, M. le chanoine Lucot, curé de la Cathédrale de Châlons, qui présidait les obsèques en sa qualité d'archiprêtre, prononça le discours d'usage. M. l'abbé Ouriet revit tout entier dans cette biographie tracée de main de maître, où les considérations les plus élevées se mêlent aux faits et aux dates. L'orateur ne pouvait oublier M. l'abbé Roussel, prédécesseur de M. Ouriet, dont la mémoire est restée si vivante à Suippes. A ces deux noms se trouve liée toute l'histoire religieuse de la paroisse pendant les cinquante dernières années.

Voici le texte du discours de M. le chanoine Lucot :

MES CHERS FRÈRES,

C'est toujours un grand sujet de tristesse pour un diocèse que la disparition d'un des témoins de son passé, d'un ancien de la milice divine, destiné par la Providence à guider les jeunes du sacerdoce et à les soutenir dans la carrière où ils sont entrés après lui.

Ce vétéran de la tribu sainte a reçu l'heureuse influence des chefs vénérés du troupeau auprès desquels il a longtemps vécu, et dont les noms sont inscrits en lettres d'or dans les fastes du diocèse. Leur esprit s'est communiqué à lui, il a retenu la forte empreinte de leurs vertus.

Ces chefs vénérés, on croit toujours les voir et les entendre en lui : sa voix est comme l'écho de leur voix, sa vie semble continuer leur vie. Comment donc la mort d'un de ces anciens du sanctuaire ne serait-elle pas un deuil pour le diocèse qui le perd ? Comment cette mort ne raviverait-elle pas les plus légitimes douleurs, en nous rappelant les saints évêques dont il fut le disciple, l'auxiliaire, et je pourrais presque dire l'ami ?

Tel fut le respectable doyen dont nous sommes venus aujourd'hui célébrer avec une juste émotion les solennelles obsèques.

Mais si cette mort est un deuil pour tous, c'est vous surtout qu'elle frappe, chrétiens habitants de Suippes, et j'en ai la preuve dans cette assistance si recueillie qui se presse autour de ces restes vénérés. Le deuil d'un père est d'autant plus senti de sa famille qu'il a pu pendant une longue suite d'années multiplier en faveur des siens les marques de son paternel amour. Quelle idée puis-je donc me former de votre douleur, quand je pense au long séjour de M. Memmie Ouriet, votre regretté pasteur, au milieu de vous ?

Pendant quarante-deux ans il a gouverné cette belle paroisse ; pendant quarante-deux ans il fut le père et l'ami de tous ; il eût pu dire avec Job : « J'ai été l'œil de l'aveugle, le pied du boiteux, le père des pauvres. » Il vous aimait et vous le payiez de retour. Tout infirme qu'il se trouvait, tout invisible qu'il était devenu pour vous par sa longue maladie, vous le sentiez au milieu de vous, et vous en étiez consolés. Tant de souvenirs se résumaient en lui, les meilleurs de la famille chrétienne ! Il avait présidé à tout ce qui se fait de grand, à tout ce qui se prépare d'éternel à vos foyers ; il avait béni vos joies et consolé vos tristesses. Aussi voudriez-vous retenir de lui une image fidèle, un de ces portraits d'ancêtre qui viennent se placer, dans toute famille qui s'honore, auprès de l'image vénérée de notre doux Sauveur. C'est ce que je vais essayer de faire pour répondre à votre pieux désir.

En vous peignant votre cher doyen sous ses traits respectés, en le faisant revivre un instant devant vous, dans cette courte instruction, je voudrais pouvoir graver si profondément son souvenir dans vos âmes qu'il pût y demeurer comme une perpétuelle leçon de vertu.

M. Memmie Ouriet naquit à Somme-Yèvre, en 1806. Ses parents étaient d'honnêtes laboureurs ; ils lui procurèrent, avec les connaissances utiles à ceux de leur profession, l'enseignement chrétien, qui sera toujours estimé par-dessus tout autre des parents soucieux de leur bonheur et de celui de leur postérité. La religion seule peut faire les enfants dociles et les hommes vertueux. Memmie semblait destiné à passer sa vie dans les travaux des champs. Mais, vers l'âge de dix-sept ans, une circonstance fort ordinaire (vous savez que souvent Dieu fait sortir des moindres choses ses plus grands desseins), une circonstance des plus simples vint le tirer du sein de la famille. Son frère ainé Pierre-Antoine, déjà entré dans les saints ordres, avait été nommé professeur au nouveau séminaire de Sainte-Menehould, placé à ses débuts sous la direction du vénérable M. l'abbé Deschiens.

Appeler son plus jeune frère près de lui pour lui aider à agrandir la sphère bien étroite de ses connaissances, était un sentiment très naturel au bon cœur de Pierre-Antoine. Memmie répondit à ses ouvertures avec l'agrément de ses parents, et vint se mettre sous la conduite même de son frère. Mais c'était une meilleure part que la science humaine qui l'attendait à Sainte-Menehould : à l'occasion de connaissances plus complètes qu'il y venait acquérir, Dieu allait bientôt lui manifester sa volonté d'en faire un ministre de ses autels.

Nous ne suivrons pas le jeune lévite à toutes les étapes de sa vie cléricale : élève plein de piété, laborieux, ami de la discipline, aimé de ses condisciples, estimé de ses maitres, tel fut notre Memmie à toutes les époques de sa jeunesse. Tout faisait présager en lui le bon prêtre, tout promettait de sa part un ministère béni quand le caractère du sacerdoce l'aurait consacré. Aucune des espérances qu'il avait données ne fut déçue ; il ne trompa l'attente de tous qu'en la dépassant.

Nommé en 1832, après son ordination de prêtrise, curé de Cernon, il y demeura pendant douze ans. Son séjour dans cette paisible et honnête population fut une suite de bénédictions pour elle. Quel bienfait, en effet, Mes Frères, que la présence d'un bon prêtre au milieu d'une paroisse ! Le prêtre, c'est la providence des peuples. Sa sollicitude atteint, pour les dissiper ou les amoindrir, toutes les ignorances, toutes les défaillances, toutes les misères : il est redevable à tous les âges, tous sont l'objet de son zèle. Il instruit, il console, il reprend, il donne et il se donne sans cesse : *Ego libentissimè impendam, et superimpendar ipse pro animabus vestris* (II Corinth., 12). Le mode dans le don de soi-même varie selon le tempérament de chacun, mais le même mobile dirige tous les pasteurs, et le but qu'ils poursuivent est invariable : ils aiment les âmes et veulent à tout prix les sauver : *Divisiones gratiarum sunt, idem autem Spiritus* (I Corinth., 12).

C'est le souvenir que M. Ouriet a laissé de lui à Cernon, souvenir gravé à jamais au cœur de ces bons habitants. Ils le voyaient si appliqué à ses devoirs d'état, si soigneux de l'instruction des enfants, si empressé autour des malades, si heureux d'être utile à tous, et toujours si digne dans la simplicité de ses manières, qu'ils restaient convaincus qu'aucun autre intérêt que celui de leur salut n'inspirait et ne soutenait son zèle. Nos séminaires lui durent alors plusieurs recrues excellentes : deux bons prêtres, M. Cannebotin, décédé curé de Lignon, et M. Richard, décédé curé de Cheppes, furent l'œuvre de son amour pour l'église de Châlons.

Un plus grand théâtre allait être réservé à M. Ouriet, où ces mêmes vertus pourraient se déployer plus aisément et brilleraient d'un plus grand éclat.

Le doyenné de Suippes était vacant ; inutile de rappeler dans quelles circonstances il le devint. Mgr de Prilly l'offrit à M. Ouriet. C'était en 1844. M. Ouriet crut devoir accepter ce poste d'honneur et de labeur ; tout l'encourageait à entrer dans cet héritage, surtout la pensée de l'ouvrier qui l'avait cultivé avant lui.

C'était l'héritage d'un des vaillants du sacerdoce, d'un de ces hommes que Dieu envoie comme une bénédiction aux populations tombées par la faute de leurs guides, et que dans sa miséricorde il veut relever. C'était le champ de bataille d'un de ces bons soldats du Christ qui rebâtissent les murs écroulés de Jérusalem, la truelle d'une main et l'épée de l'autre, défendant avec autant d'habileté que de constance la maison de Dieu contre ses ennemis, à mesure qu'ils la relèvent. Ministère délicat, où l'énergie a autant de part que la bonté. « Je vous ai

« placé, disait Dieu à un de ses prophètes, pour que vous arrachiez
« et que vous plantiez, pour que vous démolissiez et que vous
« construisiez (Jérémie, I, 10) ». Ministère périlleux pour celui
qui l'exerce, mais qu'il est profitable aux âmes qui en sont
l'objet ! Un bon prêtre y laissera son titre, une paroisse y trou-
vera son salut.

C'est ce qui arriva au prédécesseur de M. Ouriet, au vénérable
M. Roussel. Quand M. Roussel arriva à Suippes en 1835, il y
trouva une seule personne fidèle aux devoirs de la vie chrétienne, une seule faisant ses pâques. Après neuf ans de séjour,
quand il partit, on ne comptait plus celles qu'il y laissait. Le
chemin de l'église était retrouvé, la table sainte était fréquentée,
les enfants avaient repris l'instruction chrétienne, les malades
étaient assistés, consolés, sanctifiés. Le royaume de Dieu était
rentré à Suippes, puisque c'est là le signe que nous en a donné
le Sauveur : « Dites à Jean ce que vous avez vu : Les aveugles
« voient, les boiteux marchent, les lépreux sont guéris, les
« morts ressuscitent, les pauvres sont évangélisés (Matth.,
« c. 11) ». Si ce n'était point encore une résurrection générale,
c'en étaient du moins les belles et consolantes prémices. Voilà ce
qu'est un apôtre, quand Dieu est avec lui, et Dieu l'accompagne
toujours.

Aussi, entrant dans une terre si bien préparée, quelle moisson
abondante y trouva à cueillir notre cher doyen ! Cette terre si
laborieusement ouverte par son prédécesseur, fécondée par tant
d'excellentes semences, germa bientôt des fruits de vertu.
M. Ouriet y ajouta ses sueurs, sans s'épargner. Et comme une
terre donne toujours à proportion de la culture qu'elle reçoit,
une paroisse prospère selon le zèle du pasteur qui l'a dans ses
mains. La fidélité de M. Ouriet à tous ses devoirs, sa charité,
son amour du bien, sa grande prudence, la dignité dont il ne
se départait jamais, lui concilièrent l'estime de tous : il y ajoutait
un enjouement et une bonhomie pleine de finesse qui lui ga-
gnaient tous les cœurs.

Parmi ses nombreux paroissiens, ceux qui l'attiraient de
préférence, c'étaient les malheureux ; c'étaient ces pauvres
ouvriers des fabriques, qui forment à Suippes une partie notable
de la population. Les aumônes ordinaires ne lui suffisant pas,
il songea à créer pour eux un établissement charitable : il fit
l'ouvroir, cette œuvre si connue des âmes charitables de Suippes,
où tout ce que la ville compte de plus distingué parmi les personnes du sexe s'honore, chaque lundi, de travailler à revêtir
les membres nus et souffrants de Jésus-Christ ; œuvre touchante

qui rapproche le pauvre du riche, mais en laissant toujours la plus belle part à la charité du riche, selon le mot si consolant de saint Paul : « Il y a plus de joie et de mérite à donner qu'à recevoir, *Beatius est magis dare quam accipere* (Act., c. 20) » Pour assurer l'existence de cette œuvre que Dieu a largement bénie, M. Ouriet construisit une maison de ses propres ressources : il l'a affectée à cette destination et donnée à la fabrique dans cet unique but.

Les besoins des pauvres ne pouvaient lui faire oublier ceux de la maison de Dieu, dont le prêtre est par état le protecteur et le gardien. Dans le cœur du prêtre, ces deux cultes, Dieu et le pauvre, s'unissent et se confondent, puisque Dieu est vivant dans le pauvre. L'église de Suippes était devenue voisine de la ruine ; la tour et l'abside menaçaient de s'écrouler ; d'autres parties du vaisseau n'étaient pas meilleures ; il fallait aussi une sacristie. Comment faire face à tant de dépenses ?

Cette préoccupation de M. Ouriet avait été celle de son prédécesseur. M. Roussel avait succombé à la peine, en tentant une restauration : les temps n'étaient pas venus pour mener à bien l'entreprise. Le Conseil municipal, pressenti, sollicité par M. Ouriet, se montrait favorable au projet. Mais où trouver les fonds nécessaires pour le réaliser ? La caisse municipale était sans ressources. On songea à se tourner vers les grandeurs du temps. Suippes était dans le voisinage du camp ; l'empereur venait au camp chaque année. Il fut décidé entre M. le curé, M. le maire de Suippes et un notable du pays, qu'une démarche collective serait tentée près du chef de la nation pour faire appel à sa générosité. On s'y rendit. L'empereur se montra bienveillant et magnifique : cent mille francs prélevés sur sa cassette furent la part de Napoléon III dans la grande œuvre entreprise par votre pasteur. Les travaux commencèrent sans retard. M. Ouriet eut la joie de voir consacrer par Mgr Bara son église renouvelée le 24 août 1862, et ce jour-là son zèle recevait une éclatante approbation. L'empereur, suivi d'une brillante escorte de ministres, de maréchaux et de généraux, venait visiter l'église après la cérémonie de la consécration : il remettait entre les mains de M. le curé une nouvelle libéralité de cinq mille francs pour la flèche qui allait couronner l'édifice (1).

(1) En 1881, les anciennes voûtes de la grande nef, qu'on avait cru pouvoir conserver à l'époque de la grande restauration de 1862, s'écroulèrent. Le conseil municipal d'alors tint à honneur de les relever avec le plus louable empressement ; tombées au mois de février, elles étaient réédifiées au mois de juin de la même année.

Mais si le monument était terminé, que de choses encore à faire pour son ornementation ! Le mobilier de l'ancienne église, vieux, mesquin, délabré, ne pouvait plus servir ; il en fallait un autre qui s'harmonisât avec le vaisseau rajeuni. Chaire, autels, garnitures d'autel, verrières, orgues, que de coûteuses acquisitions ! M. Ouriet ne resta point en chemin. Il intéressa à l'ameublement de son église les meilleures familles de Suippes ; il ne voulut se reposer qu'après le paiement intégral de tant de dépenses, auxquelles il ne manqua pas de participer dans une notable mesure. En contemplant aujourd'hui ce beau vaisseau si justement en deuil à la mort de ce bon ouvrier, en le contemplant dans ses belles lignes d'architecture, en admirant sa charmante unité, en le voyant si bien meublé, si abondamment pourvu de linges et d'ornements, je me plais à répéter la parole du saint roi David et à en faire à votre pasteur la consolante application : *Domine, dilexi decorem domûs tuæ et locum habitationis gloriæ tuæ*. O mon Dieu, il a aimé la beauté de votre maison, et le lieu où habite votre majesté. Il n'a rien ménagé pour l'embellir. Comment ne donneriez-vous pas, dans votre éternel séjour, une place, une place de choix à celui qui vous a offert sur la terre une si belle hospitalité ? Et vous, mes Frères, qui l'avez secondé si généreusement dans ce pieux dessein, vous partagerez sa récompense pour avoir pris part à ses mérites ; ne craignez pas : vous êtes en présence du plus riche, du plus fidèle des débiteurs : par vos largesses, vous êtes devenus les créanciers de Dieu.

Aimé de Dieu, aimé des pauvres, aimé de tous ses paroissiens, aimé de ses confrères, pour lesquels il était le meilleur des amis et un prudent conseiller, M. Ouriet pouvait compter sur l'estime et l'affection de ses supérieurs. Il posséda l'une et l'autre dans une grande mesure. Mgr de Prilly, de sainte mémoire, Mgr Bara, cet évêque de si grand sens, en donnèrent à votre pasteur de nombreux témoignages. Ils aimaient à le consulter dans leurs difficultés et leurs entreprises, ils l'honorèrent de particulières distinctions.

En 1856, M. Ouriet recevait de Mgr de Prilly les lettres de chanoine honoraire de la Cathédrale de Châlons. Quand l'heure sembla venue à ce vénéré prélat de rétablir dans son diocèse l'antique forme de la prière publique, supplantée en France depuis plus d'un siècle par une liturgie sans autorité, si ce n'est sans valeur, Mgr de Prilly demanda un rapport sur la matière à votre digne pasteur. Le pieux prélat hésitait à prendre de lui-même une telle détermination ; mais les vues qu'exposa

M. Ouriet en faveur de la mesure projetée parurent à Mgr de Prilly si lumineuses, ses raisons si concluantes, que toute hésitation cessa, et la liturgie romaine fut adoptée à Châlons.

Ce fut cette même confiance de Mgr de Prilly qui investit M. Ouriet des fonctions délicates de membre du conseil départemental de l'instruction publique. Le saint évêque, ne pouvant assister à ses réunions, devait s'y faire représenter ; il ne trouva personne de plus digne que votre pasteur pour le remplacer. Dans ce conseil, M. Ouriet rendit de grands services à la cause du bien : son expérience des affaires, sa connaissance des hommes, la modération de son caractère lui assuraient une véritable autorité au sein de cette assemblée. Vers 1869, il dut résigner ses fonctions de membre du conseil de l'instruction publique, à cause des infirmités dont il sentait déjà le poids.

L'âge lui en amenait le cortège inévitable. Elles commencèrent de bonne heure pour M. Ouriet. Mais, à côté du mal, la bonté divine voulut placer, si ce n'est le remède, au moins la consolation.

Dans le cours de son admisistration à Suippes, Dieu lui avait successivement donné pour auxiliaires des prêtres distingués par leur piété, par leurs talents, par leurs diverses aptitudes au ministère sacré. Il voulut, aux années de déclin, lui attacher un collaborateur qui, dans l'abandon progressif de ses forces, pût d'abord le suppléer en partie et supporter seul ensuite le fardeau de la charge pastorale. C'est ce qui eut lieu en 1871. Pendant plusieurs années, avant que les forces trahissent absolument son courage, M. Ouriet put former son jeune auxiliaire par ses exemples et par d'utiles conseils, dont il lui assura jusqu'à la fin le bienfait ; et si la sainte Ecriture ne nous recommandait si expressément d'attendre la mort pour louer les ouvriers de Dieu, je rappellerais ici comment il a réussi. Alors je pourrais dire tout haut ce qu'en ce moment vous dites tout bas, que, depuis l'heure où M. Ouriet a cessé son ministère, rien n'a été changé dans la direction de la paroisse, que l'intérêt des âmes n'a jamais souffert, qu'au lieu de périr les œuvres se sont multipliées et qu'elles y sont toutes florissantes, portant toutes des fruits excellents. Aussi, plus d'une fois, suivant des yeux les progrès du bien dans sa paroisse, le bon pasteur a-t-il béni Dieu et l'a remercié avec effusion du don qu'il lui avait fait par l'envoi de ce bon ouvrier ; comme Noé, il a pu dire de ce fils selon la grâce, en le montrant à son peuple : *Iste consolabitur nos ab operibus et laboribus manuum nostrarum.* « Voici bien mon consolateur : il me supplée dans

« mon impuissance, après m'avoir soulagé dans mes travaux
« (Genèse V). »

Et maintenant, qu'avez-vous encore à faire, ô bon pasteur,
cher à Dieu et aux hommes, quelle tâche vous reste-t-il à
accomplir pour pouvoir entrer dans l'héritage éternel ? Mes
Frères, il devra souffrir plus qu'il n'a souffert : c'est par la croix
qu'il s'élevera au ciel. Ainsi Dieu traite ses élus. « Parce que
« vous m'étiez agréable, disait l'ange à Tobie de la part de Dieu,
« il fallait que l'épreuve s'abattît sur vous. *Quia acceptus eras
Deo, necesse fuit ut tentatio probaret te* (Tobie, XII, 13). »
Vous savez quelle fut l'épreuve de Tobie, la privation de la
vue. Une autre, moins redoutable sans doute, mais bien amère
pourtant, était réservée à votre pasteur. Avoir des membres et
n'en pouvoir plus user, vivre étendu sur un lit, comme Jésus
sur la croix, immobile, incapable de mouvement, le corps cou-
vert de plaies, y demeurer ainsi plusieurs années, sans espoir
de guérir, sans soulagement efficace, malgré les soins les plus
tendres, les plus intelligents, les plus assidus, quelle matière à
mérites et quelle exercice de patience ! C'est là qu'a triomphé
la rare vertu de votre pasteur. Pas une plainte ne s'échappait
de ses lèvres, pas un murmure, pas une impatience, toujours
aimable, toujours souriant au milieu de douleurs si humiliantes.
Il fut doux à la maladie, comme, aux jours de son ministère,
il avait été doux à ses contradicteurs ; il envisageait la mort
d'un œil confiant, avec la sérénité que toujours il avait su garder
vis-à-vis de ceux qui parfois s'étaient oubliés jusqu'à lui adresser
des injures.

Cette patience dont il avait si besoin, il allait la puiser à sa
source ; il la demandait à la sainte Eucharistie, source féconde
de toutes les vertus. Chaque semaine, Notre-Seigneur lui était
apporté par les mains fidèles de son pieux collaborateur, et le
vieux serviteur de l'Eglise en était réconforté. Quand il sentit
commencer l'agonie, et elle fut longue pour notre cher malade,
il demanda lui-même à recevoir, pour le dernier combat,
l'onction des mourants : il la reçut avec sa foi et sa piété
accoutumées, exhorté par son auxiliaire dévoué. C'était le
19 février.

Ses forces diminuaient visiblement, mais il en trouva assez
encore pour recommander son âme aux témoins de cette scène
touchante : « Priez pour moi, répétait-il ; on ne prie pas assez
pour les morts. » Il demanda pardon à ceux qu'il aurait pu
offenser, et à ses paroissiens de la mauvaise édification que
peut-être il leur avait donnée. Toutes ses pensées étaient désor-

mais tournées vers Dieu qu'il désirait ardemment posséder ; les paroles de l'Apôtre étaient sur ses lèvres : « Je désire « partir de ce monde pour être réuni à Jésus-Christ, *Cupio dis-* « *solvi et esse cum Christo.* » Et c'est dans ces sentiments de foi et d'humilité chrétiennes que votre pasteur, Mes Frères, s'en est allé à Dieu.

O Seigneur, vous l'aurez traité dans votre miséricorde. Pendant quatre-vingts ans il a été à vous, il a travaillé pour vous, il vous a donné des âmes, il a fait l'œuvre que vous lui aviez confiée. Votre royaume sera sa récompense ! Néanmoins, Mes Frères, ne laissons pas de prier pour lui, comme il nous l'a demandé ; offrons à Dieu pour lui des œuvres satisfactoires. Les justices de Dieu sont insondables, terribles surtout pour ceux qu'il a favorisés comme nous. Hâtons donc, par nos pieux suffrages, l'entrée de notre cher doyen dans l'éternel royaume.

Il y entrera comme notre précurseur et notre chef : c'est nous dire que nous sommes appelés à le suivre dans ce même héritage. Mais il faut qu'ici-bas nous le suivions dans l'imitation de ses vertus. Il n'y a qu'un chemin à prendre pour le rejoindre un jour, c'est la fidélité à nos devoirs, c'est l'observation exacte des obligations de la vie chrétienne. Notre-Seigneur le disait aux hommes de son temps ; il nous le répète à tous : *Si vis ad vitam ingredi, serva mandata.* « Voulez-vous entrer dans la « vie qui ne finira pas ? Ici-bas observez les commandements. » C'est la grâce que je vous souhaite en vous bénissant.

***

Au cimetière, trois discours ont été prononcés.

M. Ovide Senart, maire de Suippes, au nom du conseil municipal et de la ville, et M. le docteur Coïon, au nom du conseil de fabrique dont il est le président, se sont faits, en termes émus, les interprètes de la reconnaissance publique, et ont rappelé les bienfaits dont la commune et la fabrique étaient redevables au vénéré doyen. Enfin M. Malval, citant une parole de M. l'abbé Ouriet, celle qu'il a voulu qu'on gravât sur la pierre de son tombeau, a demandé à tous une dernière prière pour celui qui avait voulu reposer au milieu d'eux, « à l'ombre de la croix, son unique espérance. »

DISCOURS DE M. OVIDE SENART, MAIRE DE SUIPPES.

MESSIEURS,

Je crois répondre à la pensée de tous en apportant au nom de la ville de Suippes son tribut d'hommages et de regrets sur la tombe du prêtre vénéré que la mort vient de lui ravir.

Il y a quarante-deux ans que M. le curé Ouriet est arrivé dans cette paroisse ; les plus âgés d'entre nous s'en souviennent encore. Quelques mois lui suffirent pour se concilier tous les respects et toutes les sympathies et il n'eut à employer à cette conquête, souvent difficile, que les qualités qui le distinguaient éminemment, sa simplicité, sa bonté, sa douceur.

Deux œuvres s'offraient alors à ses efforts, l'une était la restauration de son église, l'autre le réveil de la foi religieuse dans les âmes ; il s'y consacra avec un entier dévouement, et il les poursuivit avec la constance tranquille qui était en lui.

L'église, cet édifice qu'avaient élevé nos ancêtres au 14ᵉ siècle, n'était pas seulement atteinte par la vétusté ; mais elle avait été compromise dans sa solidité par des remaniements imprudents, et elle avait souffert des troubles publics. On redoutait sa ruine, et déjà une partie en avait été abandonnée ; il fut plus confiant, il en reprit possession et attendit ce que feraient Dieu et les hommes.

Son espérance ne fut pas trompée : des circonstances favorables se présentèrent, il sut ne pas les laisser échapper et il put voir le vieux monument auquel il s'était attaché, à qui il avait en quelque sorte uni sa propre existence, se relever *et* apparaître plus affermi, mieux orné qu'il ne le fut jamais, et prêt à recueillir longtemps encore les générations qui se succéderont après nous.

Sa seconde tâche ne fut pas moins consolante : dégagé des intérêts qui touchent à la terre, étranger aux passions qui divisent les esprits, ne cherchant que la paix qui les rapproche et les unit, animé d'une bienveillance qui s'étendait également à tous, et ne distinguait jamais entre les personnes, pratiquant cette charité véritable qui ne refuse ni le soulagement matériel ni le soulagement moral, toujours simple, toujours calme, il réalisait le type du bon pasteur au milieu de ses brebis.

Aussi ne tarda-t-il pas à exercer dans sa paroisse cette influence qui est la plus sûre et la plus puissante de toutes, l'influence de la vertu ; elle pénétra successivement dans les œuvres ; elle fut pour beaucoup la meilleure des exhortations, et il eut la joie de voir peu à peu le troupeau confié à ses soins croître en nombre comme en piété.

Il jouissait de ces résultats, quand malheureusement la maladie vint le saisir, et, dans la longue épreuve qu'elle lui fit subir, il fut encore pour tous un exemple,

Il opposa à la souffrance une résignation inaltérable, un courage persévérant. Il ne céda qu'à mesure que ses forces déclinaient. C'était un spectacle touchant que de le voir, jusqu'au moment où ses membres épuisés lui refusèrent tout service, se porter péniblement à son église et y remplir son saint ministère ; c'était un spectacle non moins touchant, et en même temps plein d'enseignement, de le trouver à son foyer, affable, gai, souriant, conversant avec une aimable bonhomie, gardant ses sollicitudes pour les autres, et montrant au milieu de ses douleurs une grande sérénité d'esprit, une parfaite égalité d'humeur.

Enfin, au jour marqué par lui, Dieu a rappelé son serviteur. Nous avons la confiance qu'il lui a accordé ce bonheur éternel si bien mérité par la pratique de toutes les vertus.

La mémoire de M. le curé Ouriet restera vivante parmi nous; la ville de Suippes conservera pour lui une pensée respectueuse et reconnaissante, et elle dira : il a été de ceux qui, à l'exemple de leur divin Maître, ont passé sur la terre en faisant le bien.

Adieu, notre bon pasteur, adieu, notre prêtre vénéré; du haut du ciel, priez pour nous, vos paroissiens, priez pour tous ceux qui vous ont connu et aimé.

DISCOURS DE M. LE DOCTEUR COÏON.

MESSIEURS,

Je ne viens point retracer les qualités du cœur de M. Ouriet, sa douceur, son affabilité qui charmaient tous ceux qui l'approchaient, ni ses vertus sacerdotales, qui ont transformé, au point de vue religieux, la paroisse de Suippes. La plupart d'entre vous ont pu les apprécier par eux-mêmes, et des voix plus autorisées que la mienne les ont replacées sous vos yeux en termes éloquents.

Je veux seulement lui adresser des remerciements publics au nom du conseil de fabrique, au nom de la paroisse tout entière, pour les dons qu'il a faits à l'église, au bureau de bienfaisance pour l'ouvroir, et au patronage des jeunes gens.

Lors de la restauration de l'église de Suippes, il ne s'est pas contenté, pour en décorer l'intérieur, de déployer un zèle, une activité infatigables, et d'intéresser à son œuvre la générosité de ses paroissiens, il y a contribué de ses propres deniers, et dans une mesure relativement importante, eu égard à sa fortune. On a vu successivement apparaître renouvelés, les autels, le chœur, la chaire, puis les orgues, ces orgues si longtemps l'objet de sa sollicitude : il est vrai qu'il devait en être fier, beaucoup de villes plus importantes que la nôtre pourraient nous les envier.

S'il a mis tant d'ardeur à orner son église, ce n'était point pour obéir à un sentiment de mesquine vanité, c'était pour rehausser la splendeur du culte, et rendre au Maître de l'univers un hommage plus éclatant.

C'était surtout une sainte industrie que lui suggéraient son amour des âmes et son désir de les ramener à Dieu : en attachant les yeux par la beauté des cérémonies religieuses, il espérait que les cœurs à leur tour seraient entraînés par les charmes de sa parole. Aussi, comme il était heureux quand, aux grands jours de fête, sa belle église n'était plus assez vaste pour contenir la foule recueillie des fidèles qui se pressaient dans son enceinte !

Il a plu à Dieu de distribuer d'une manière inégale les biens de ce monde, mais il a imposé aux chrétiens l'obligation de corriger cette inégalité en venant en aide aux malheureux par l'aumône et par les œuvres charitables. Cédant aux impulsions de son âme compatissante, M. Ouriet avait institué, avec le concours des dames charitables qui l'ont merveilleusement secondé, un ouvroir destiné à la confection de vêtements pour les enfants et les vieillards indigents.

Grâce à la générosité des habitants de Suippes, grâce au zèle des dames et des jeunes filles, cet ouvroir fonctionne admirablement. Aussi, afin d'en perpétuer la durée et les bienfaits, M. Ouriet a donné à la fabrique de Suippes une maison pour être spécialement affectée à la réunion des dames de l'ouvroir.

Enfin M. le curé a concouru par des offrandes généreuses à la création du patronage des jeunes gens, dont il savait toute l'utilité. Cette institution, en effet, a pour objet d'entretenir chez les jeunes gens la pratique des devoirs chrétiens, tout en leur procurant des distractions et des délassements salutaires à leur santé, et d'en faire un jour d'honnêtes citoyens.

O pasteur vénéré et aimé, il faut nous séparer de vos restes mortels ; mais le souvenir de vos vertus, de vos œuvres, de tout le bien que vous avez opéré dans cette paroisse vivra dans nos cœurs ; il ne s'effacera pas plus que les traits de votre belle figure, toujours calme et souriante, souriante jusque dans les bras de la mort !

Pour vous, du ciel où vos mérites ont préparé votre place, n'abandonnez pas vos paroissiens qui sont vos enfants ; au nom de cette mansuétude, de cet amour de la paix qui étaient comme le fond de votre caractère, obtenez-leur la paix et la concorde, ces biens aujourd'hui si désirables et si précieux, en attendant qu'il leur soit donné d'aller vous rejoindre et goûter avec vous cette paix que rien ne troublera jamais.

DISCOURS DE M. MALVAL.

Messieurs,

Parmi ces témoignages publics rendus à la mémoire du savant, de l'administrateur, du prêtre, du curé de cette paroisse, quelle est la pensée qui domine ? C'est le souvenir de ses œuvres. A qui reste le dernier mot ? A sa charité. Pour nous, ses amis, il nous semblait que cette heure devait être l'heure des larmes et des serrements de main. Si notre cœur était ému de tous ces hommages, nous devions néanmoins garder le silence : car les amis, c'est encore la famille, et comme elle ils savent seulement se recueillir et prier ; mais ici la famille de M. l'abbé Ouriet se croit un devoir à remplir, elle m'a chargé de vous remercier tous de ce cortège d'honneur et d'affection dont vous avez voulu entourer son chef vénéré.

Pourquoi, dirai-je à mon tour, après M. l'archiprêtre, pourquoi cette douloureuse cérémonie a-t-elle dépassé les proportions d'un deuil ordinaire ? pourquoi est-elle un deuil public ? C'est qu'un prêtre est mort à son poste ; une ville tout entière s'est levée pour témoigner de ses regrets, et tandis qu'elle prétend affirmer aux yeux de tous sa reconnaissance et son affection, il se trouve qu'elle obéit, peut-être à son insu, à un sentiment d'un ordre plus élevé, elle fait une manifestation véritable. Sa reconnaissance est un acte de foi, son affection, c'est de la piété chrétienne, et nous-mêmes, nous qui sommes venus rendre les derniers devoirs à un ami, c'est encore le souvenir du prêtre qui nous émeut, comme naguère c'était le caractère du prêtre qui nous rapprochait de lui. Grand spectacle, bien fait pour montrer à tout homme qui réfléchit, quel empire la religion conserve sur les cœurs.

Cet élan spontané d'une population naguère indifférente, chrétienne aujourd'hui, est le plus bel éloge de celui que nous pleurons, le plus beau fleuron de sa couronne au ciel ; avec espoir, je dis au ciel, car il est parti, suivant la parole de notre évêque, le front déjà illuminé des reflets d'une autre vie.

M. l'abbé Ouriet vous avait consacré toute son existence, à vous ses chers paroissiens ; il a voulu reposer au milieu de vous, au pied de ce calvaire élevé par ses soins, non seulement pour vous demander une prière et un souvenir, mais encore pour vous donner le rendez-vous suprême « à l'ombre de la croix, son unique espérance ».

Châlons, imp. Martin frères.